Percolate ————— 時を食し伝え残す

まえがき

時を食し伝え残す。

"1500年"という時を、今はまだ感じられる環境があります。

古墳時代から現代に至るまで、若狭から京都を結ぶ鯖街道は1500年もの間、そこに息づく人たちにより紡がれてきました。その昔、若狭は都への玄関口で日本中から、そして海外からもさまざまなものが伝わる港町でした。それにより伝わったモノやコトは、今なお文化として残り、それを生活の糧、生業としている人も多くいらっしゃいます。鯖街道は「日本遺産第1号」にも認定されました。

しかし、圧倒的なスピードで状況が変わるこの現代において、それらが自分の目の前から消えてなくなって、あったことすら思い出されないようなことが起こり始めています。

ただ、改めて提言しないと、このスピード社会で、もみくちゃになってなかったことになってしまう。京都市北部の料理人一家に生まれ育ち、海外や日本国内のさまざまな食文化を感じ形にする「カリナリーディレクター」という仕事をしているからこそ、歴史と人がそろうこの京都から、次の1000年に向けた取り組みを本気でできると信じています。

そうやって、ここ京都で自分のやるべきことがあるのだと感じ始めた2021年。コロナ禍で時間の余裕を少し感じていた時期に、このTHE KYOTOの連載の話をいただきました。

美術家／写真家の八木夕菜さんとの共同連載ということを聞いた時、しっかりメッセージ性を持たせた料理を自分は作れるのか、それがどう映るのかとドキドキしていました。回を重ねるごとにごく自然体で土を触り、風を感じ、食材を手にして料理をする、といったシンプルなことをする時間が、毎回ワクワクするようになりました。

生産者の話を聞き、それを八木さんが写真に収められる。それを見て、その時のインスピレーションで料理をする。そしてまた、その料理が写真に収められる。この本が手元にある限り、その時間は後世の人たちにも見てもらえる。可能な限り多くの人にその体験を届けられれば幸いです。

1000年後に紡ぐモノやコトが食を通して残るように。

2年間の連載を行うにあたって、本当に多くの方々にお世話になりました。ひまわり米の前野さん、水菜の山脇さん、金時にんじんの藤岡さん、聖護院だいこんの細江さん、熊川葛の西野さん、山椒の堀さん、しば漬の辻さん、鹿の梅棹さん、なれずしと若狭わかめの角野さん、氷魚の駒井さん、若狭ぐじの福井県漁連小浜支所の皆さま、たまごの山田さん、子宝いもの藤田さん、よっぱらいサバの横山さん、原木椎茸の浅田さん、若狭かきの大住さん、栃餅の山下さん、匠京地どりの篠山さん、ビワマスの品川さん、静置発酵米酢の中野さん、納豆の福三田さん、若狭梅の山田さん、小鯛ささ漬の上杉さん、また、京北の廣海さんと外山さん、小浜市の畑中さん、熊川の時岡さん、monkの今井さん、にはさまざまなご縁をいただきました。そして、栗山さんをはじめとする、京都新聞社の皆さまには本当に感謝の気持ちでいっぱいです。最後になりましたが、今の自分の活動や想いがあるのも、続けられるのも、父である中東久雄はじめ、母や兄2人、妻、子ども、そして弊社従業員のお陰です。今後の活動を通してここに上げさせていただきました皆さま、そして上げきれなかった地域の皆さまに恩返しをしていきたいと思います。

中東 篤志

もくじ

春

夏

秋

冬

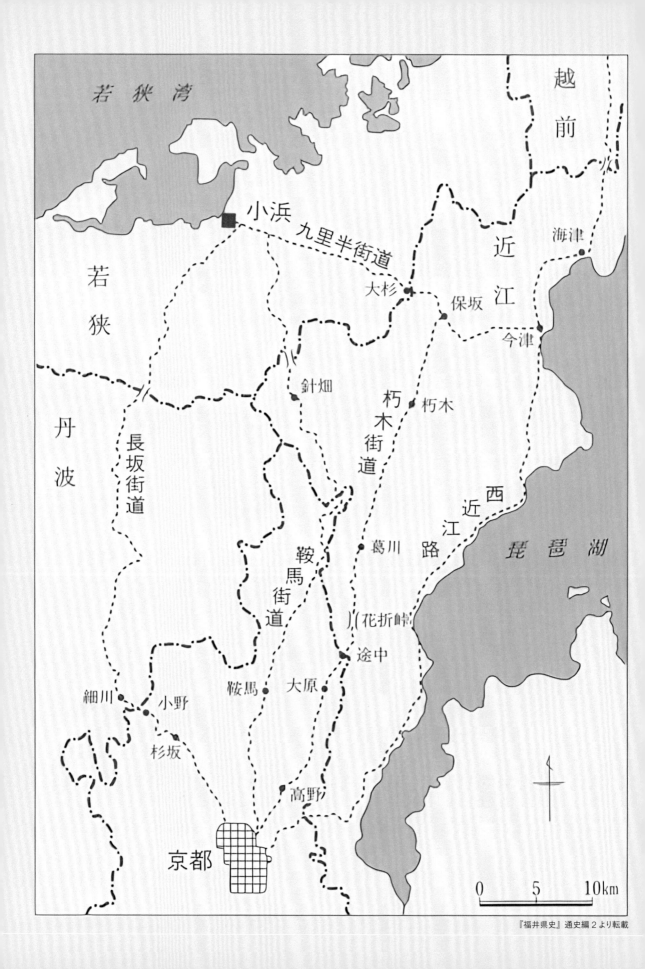

若狭湾

越前

小浜　九里半街道

近江

海津

若狭

大杉

保坂

今津

丹波

針畑

朽木街道

朽木

長坂街道

西近江路

江近

琵琶湖

鞍馬街道

葛川

花折峠

途中

細川

小野

鞍馬

大原

杉坂

高野

京都

0　5　10km

『福井県史』通史編 2 より転載

鯖街道の歴史と現在

　鯖街道と呼ばれるようになったのは江戸時代初期。

　当時の小浜藩主京極高次によって小浜市場が整備され、その市場の記録に残る「生鯖塩して担い京に行き仕る」という一文に由来するとされます。しかし、その街道自体は古墳時代に遡り、朝廷に「御贄」を納めた国を指す「御食国」とされた若狭から海産物を運んだ物流を司る道として発展しました。現在でも、その1500年続く往来の歴史と伝統を守り伝える人々の営みを肌で感じることができます。

　鯖街道には大きく5ルートがあり、東の果ては琵琶湖上を船で通る水路、その琵琶湖の西岸を通る西近江路、真ん中を通り日本遺産に認定されている若狭街道、険しい山道を通る鞍馬街道、西の鯖街道と呼ばれる周山街道に分かれています。

　このうち、最大の物流量を誇った若狭街道は若狭湾に注ぐ北川、琵琶湖に注ぐ安曇川、大阪湾に注ぐ高野川・鴨川沿いに開発され、北川沿いには古墳群が今も残っています。

古墳時代から平安時代

　古墳時代、若狭は宮中の食膳を司る膳臣が治めた国であるとされ、一族の奥都城とされる脇袋古墳群をはじめ、多くの古墳群があります。それらの古墳からは朝鮮半島との交流を示す副葬品が出土しており、海を越えた往来の足跡も見ることができます。

　奈良時代の平城京跡から発見された木簡の中には、御贄を送ったことを示す荷札が多く発見されており、鯛鮓、貽貝などと書かれたものもありました。中でも大宝律令により、「調」として塩を納めた木簡が数多く発見されており、若狭は重要な塩の供給地であったことがうかがえます。若狭の海岸では岡津製塩遺跡を始め、土器に海水を入れて煮詰めて塩を生産した製塩遺跡が約60カ所確認されており、のちに海産物に一汐をする文化や保存食が多く作られるきっかけになったと考えられます。

　また、若狭街道と鞍馬街道の分岐点である遠敷地域には、715年創建と伝わる若狭彦神社や721年創建とされる若狭姫神社といった由緒ある古社、孝謙天皇の勅願で創建されたと伝わる多田寺や東大寺二月堂へお水送りの神事を行う若狭神宮寺などもあり、奈良との深い関係を示しています。

　平安時代に書かれた「延喜式」にも若狭の名が記されており、引き続き若狭が御食国として朝廷と深く関りがあったことがわかります。

室町時代から安土桃山時代

　日本に初めてゾウが上陸したのが小浜港でした。

　室町時代初頭には珍しい動物を積んだ南蛮船が着き、ゾウやクジャクなどが上陸し、京都までの街道をひと月かけて運ばれ、都の人々を大いに驚かせたそうです。

　さらに禁裏御料所にもなっており、宮中や都と深いつながりを持ちます。歴代の国主や廻船業で栄えた豪商たち、北方交易の人々も加

わり、海外や日本海沿岸地域との盛んな交易
や文化交流が展開され、都に繋がる結節地と
して栄え、一大港湾都市となっていきました。

　室町幕府を支えた若狭守護・武田元光が
1522年に築いた後瀬山城には、親交のある
多くの文化人たちが都の戦乱を避け、訪れま
した。その際、連歌会などが行われ、室町時
代末期の連歌師の紀行文には朽木、熊川を
経て街道をたどって小浜に入ったとの記録も
残っており、若狭街道を通じて都の洗練され
た文化が拡がっていったこともわかります。

　戦国時代、若狭街道は軍事上も大きな役
割を果たしており、織田信長が豊臣秀吉や徳
川家康を引き連れ、この街道から越前朝倉攻
めに向かいました。街道沿いには信長が隠れ
た岩や家康が通った峠道など、多くの逸話が
今も伝えられています。

　後に若狭の国主になる京極高次は、信長に
仕え日々状況が変わる戦国時代後期をうまく

熊川街道を馬車で京へ（昭和 30 年頃）

生き延びます。本能寺の変の後、明智光秀に
通じ、一旦は豊臣秀吉から追捕されるも仕え
る身となり、秀吉没後は石田三成に付いたと
思わせ、最後は徳川家康に大いに気に入られ
るといった処世術を見せ、江戸時代に入ります。
この時にも若狭街道一帯の道が使われたの
は容易に想像がつきます。

江戸時代から近世

　若狭の国主に任命された京極高次は、すぐ
に北川や南川などが注ぐ河口域に小浜城を
築き始め、城下町や鯖街道の起点となる市
場を次々に開発していきます。小浜市場には
海産物の集荷業者や問屋、加工、小売業者、
廻船業者たちによる商人町が形成され、隣接
する河口には廻船や漁船の係留所を配置し、
流通の一大拠点が生まれます。水揚げされ
た物資や魚介類は街道を経由して京都へ運
ばれました。若狭人たちは「京は遠ても十八

小浜の峠を越えて鯖を運ぶ女性（※鯖街道ではありません）

鯖の大漁に沸く小浜漁港（昭和 30 年頃）

里」と言いながら、険しい峠道もせっせと越えていったといいます。鯖に一汐して京都に着く48時間後くらいに良い塩梅になっているという事があり、いつしか「鯖街道」と呼ばれるようになりました。

ほどなくして、若狭を代表する工芸品・若狭塗も生まれます。国外から入った色漆塗の盆を城下の塗師が模し、これに改良を重ねて卵殻・研ぎ出しの技術を完成させ、その時の藩主・酒井忠勝がこれを「若狭塗」と命名しました。その後、小浜藩の基幹事業として職人を手厚く保護したことで大きく発展を遂げました。

また、廻船問屋の古河屋は酒や醤油醸造、金融業などを、現在でいう子会社化した形で繁栄し、藩の御用達をつとめた全国でも有数の豪商として名を馳せていきます。

明治時代前半まで、古河屋は北前船の廻船業を中心に繁栄、昆布や鰊、数の子などをはじめとした北海道の食材や食文化も運び込まれ、小浜や京都の食文化に影響を与えました。

狂言の演目「昆布売り」は小浜の昆布商・天目屋が製造した「召の昆布」と呼ばれた求肥昆布が題材となっており、さまざまな文化を形成していったことがうかがえます。

現在

小浜の内外海地区と言われる若狭湾沿いの浦々では、豊富にとれた鯖などの海産物を長期的に食用するために生まれた「へしこ」や「なれずし」などの加工技術が育まれ、独特の食文化が今も各家庭に残っています。これらの街道沿いの集落には「王の舞」や「六斎念仏」「地蔵盆」など、京都では見られなくなったり、薄くなったりしている文化も独自の形で今なお受け継がれています。周山街道沿いの集落では京都の愛宕神社と関係の深い火伏せの祭り「松上げ」が行われており、四季を通じて京都から伝わった伝統文化による人々の活気を感じます。

また、かつて48時間かけて歩いた街道は、自転車やバイクのツーリングルートにもなっており、車だと2時間足らずで着きます。北陸新幹線が開通すれば小浜－京都間はわずか19分。最速の「鯖街道電車ルート」ができることになります。

行商の女性

写真提供：井田家旧蔵古写真・福井県立若狭歴史博物館、小浜市など

春 ————————Spring

熊川葛

熊川葛

角の立った葛粉

　歴史的な景観を保つ鯖街道の宿場町、熊川宿。日本
三大葛の一つとされている「熊川葛」の産地でもありま
すが、今では地元材料を使用して一から作る生産者は
ただ1軒となってしまいました。

葛の根は大きいもので直径30センチ、長さ2メートル
ほどにもなり、知らずに見ると「根」とは到底思えない、
木のような姿です。熊川葛の生産は、この根を手掘りする
ところから始まります。

　繊維を取るために粉砕機を使うものの、あとの作業は
全て手作業です。でんぷん質を固めるには寒い冬の水で
ないといけないので、極寒の中、何度も何度もアクやごみ
が取り除かれます。丁寧にひと冬かけて作られたものは、
「良い葛粉」の証とされる、しっかりと角の立ったものに
仕上がりました。

　100キログラムの葛の根から出来る葛粉はわずか4〜5
キログラムほど。貴重な葛粉を少し口に含むと、滋味深い
味わいと大地の香りが拡がりました。

桜香る 葛餅

　熊川葛は、天保元(1830)年、江戸時代の儒学者頼山陽が病気の母への見舞品としてこれを送り、その手紙の中で「熊川は吉野より余程上品にて調理の功是あり」と評したことでも知られています。

　極寒の中、ひと冬かけて作られた熊川葛は粘りが強く、少し口に含むと、大地の香りが拡がります。葛粉として完成に近づく頃には鳥もさえずり、ゆっくりと桜が咲き始めました。

　葛を水に溶き、桜の花びらだけを加えて練り上げると、なんとも春らしい香りが立ち込めました。葛粉が作られる頃の雪をイメージした塩と桜香る葛餅の間には新芽を表す玉露のパウダーをあしらいました。

　透き通った葛餅の中に桜の花びらが可憐に踊りますが、寒い冬を越し、ようやく暖かくなるこの時季は、人の心も躍ります。

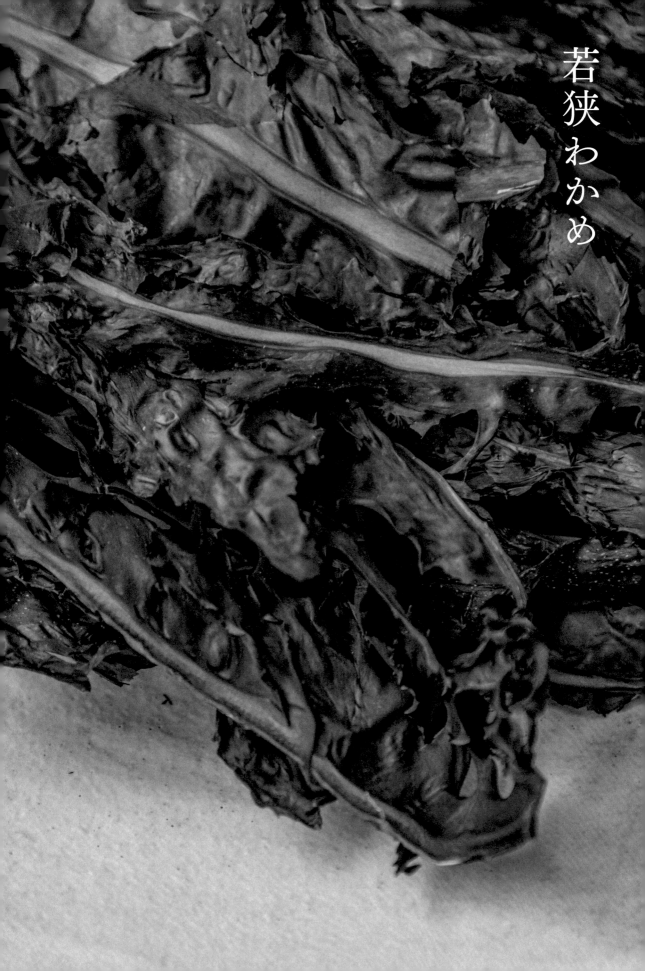

若狭わかめ

1万年の時感じる海中に

　京都市から鯖街道を車で1時間半ほど走ると、福井県小浜市の内外海地区に着きます。周辺は矢代湾と呼ばれる若狭湾の中でも特にごつごつした岩肌が見えるリアス式海岸になっており、海からそのまま山が始まるような風景を見せてくれます。長年、波により浸食された岩や、その上に生える松の木などは、まさに1万年前から少しずつ表情を変えながら今に伝わる歴史そのもののように感じます。

潮が満ち始めた時間帯に、わかめ漁師の角野正典さんの船に乗せていただき、波が打ちつける大きな岩影に向かいました。透き通った海中を覗くと、潮の流れに揺られてびっしりと天然のわかめが付いていました。これを船が座礁しないように操船もしながら、自作の収穫道具を使い手際よく刈り取っていきます。

　　わが袖は潮干に見えぬ沖の石の
　　人こそ知らね乾く間もなし

という和歌は、平安時代にこの地を統治していた源頼政の娘、二条院讃岐が詠んだ恋歌として知られています。その石が、頼政の「鵺退治」に使われた矢の生産地だったとして「矢代」と名が付いたこの地から、今でも見ることができます。

乾わかめと生わかめ

　平安時代に源三位頼政が統治したとされる矢代湾は、若狭湾の中でも広大な範囲でごつごつした岩肌が見えるリアス式海岸になっており、潮の流れも速いので魚介類が豊富に生息している地区となっています。頼政の「鵺退治」で使用された矢の生産地だったことが、その名の由来です。

　その矢代では、都へ運ばれた若狭乾わかめを少なくとも奈良時代から作っていたのではないかと言われています。現在のわかめ養殖は、70年ほど前から角野正典さんのお父さんが始められました。

　乾わかめの製造は、わかめがまだ小さい2月頃から始まります。若狭わかめの葉は薄いのが特徴で、乾燥させた後に油で素揚げするとパリパリのチップスになります。また今回、一緒に収穫させていただいた天然わかめは、めかぶが付いていたので、サッと茹で、醤油と酢で和えました。全国的に海藻類の天敵とされるアイゴは、角野家では干物にされています。これが本当に美味しいので、焼いて骨抜きして、矢代で採取した石にそれら全てを一緒に盛り付けました。

　この豊かな海の資源が、後世にも残っていくように取り組んでいきたいと改めて感じました。

氷魚

透明に光る「氷魚」

　まだ寒さが残る春の朝、鯖街道の近江路となる、琵琶湖西岸に向かいました。対岸からは朝陽が昇り、沖には湖面から出た魞漁の仕掛けが見え、まだ霧がかかっています。

　魞漁は1000年以上も続く伝統的な漁法で、水深5〜18メートルほどの所に杭が打たれ、それに沿って網が付いています。障害物に沿って泳ぐ魚の習性を利用し、湖岸から沖に向かって矢印形に網を設置。「つぼ」と呼ばれる行き止まりに誘導して捕まえます。

今回お世話になったのは、長年続けられた先輩漁師か
ら漁具や漁の権利などを譲り受け、2020年に独立した
最年少琵琶湖漁師の駒井健也さんです。全長5メートル
ほどの比較的小さな船に乗り込み、沖にある仕掛けまで
向かい、網上げを手伝わせてもらいました。水深18メー
トル分の重い網を人力で引き揚げると、ニゴイやウグイ、ワカ
サギ、モロコ、イサザ、小鮎等、琵琶湖らしい魚がたくさん
入っていました。
　とりわけこの季節、一番の狙いは「氷魚」。鮎の稚魚です。
思った以上に大漁で、カゴに上げると元気よく跳ね、光に照
らされて透明に輝いていました。

春の味覚と視覚

　魞漁で獲られた魚は漁港に持ち帰り、その場で検量され値段が付きます。時間に遅れれば買い取ってもらえないため、朝は時間との勝負。検量を無事に終えたあとの駒井さんの表情は一気に優しくなっていました。

　ニゴイにウグイ、ワカサギ、モロコ、イサザ、小鮎…。そしてそれに交じって入るスジエビ等、琵琶湖らしい魚たちがたくさん上がりましたが、この年は大雪の影響か、小鮎はまだまだ小さく、通常ではこの季節だと少なくなってくるはずの鮎の稚魚「氷魚」が一番多い水揚げでした。この氷魚をいただき、京都に戻る鯖街道沿いで野菜を調達し、氷魚と春野菜の葛仕立てという汁物に仕上げました。

　氷魚や春野菜の苦みは春の味覚。そして、色合いも氷魚の白に緑や黄がよく映え、氷魚の隙間に潜り込んだ小さなスジエビのピンクがまた春らしく視覚にも嬉しいアクセントとなりました。

　湖魚は京都人にとって、身近な食材です。臭いとか骨が多いとかよく言われますが、そんなイメージとは違い、長い年月、都人に好まれた上品な味わいです。

ビワマス

2万年のDNA

　鯖街道には、琵琶湖上を船で通る湖上ルートがあります。今回はその琵琶湖で、2万年もの間、棲息し続けている固有種・ビワマスを追いました。

　ビワマス漁は長らく、中層に長い網を仕掛ける刺し網漁が主流でした。しかし近年は、鮮度保持や資源保護などの観点から、ルアーを使用して1匹ずつ釣り上げるトローリング漁を採用する漁師が増えてきています。漁に同行させていただいた品川博司さんは、そのトローリング漁の第一人者として、20年前からほかの漁師への技術指導などもされてきました。

春の穏やかな風が吹く中、船は湖北に位置する北舟木漁港（滋賀県高島市安曇川町）から湖の真ん中に向かい、「沖の白石」と呼ばれる小さな石の島の少し南側で停まりました。琵琶湖の最深部は水深130メートルですが、この辺りは約90メートルの湖底から一気に石の島が出る地形が入り組んだ場所です。そこから10本の竿を船の横に手際よく出していき、北上しながら漁が始まりました。

　40分ほどすると、竿先に反応があり、品川さんは手早く反応して、釣り上げていきます。波紋の下にきれいな魚体が現れると、魚に可能な限り負担をかけないよう丁寧に扱い、生きたまま素早く生簀に移しました。

鮮度支える漁師の工夫

　鯖街道の東端を通る琵琶湖で2万年もの間棲息する
ビワマス。トローリング漁で、少しでも魚に傷をつけないよう、
丁寧に釣りあげた品川さんの船は、その後、できるだけ早く
漁港へ戻りました。

　陸へ戻ると魚を専用の生簀に入れ、ビワマスの適水温で
ある8度ほどで数時間休ませます。それにより、暴れて出た
体内の乳酸を和らげ、身質が本来のものに戻ります。魚自
身もリラックスし、ほとんど暴れずに、品川さんの手によって
1匹1匹神経締めをされていきました。

　そうして持ち帰った魚体はきれいな朱色が出ているもので、
甲殻類を多く食べて育ったようでした。旨みも強く、淡水魚
独特の臭いもありません。そこに一汐して、1時間ほど置
くと、さらに旨みが乗ってきました。皮にも脂が乗っていた
ので、それをパリッと焼き、旬の新玉ねぎを波紋に見立て、
出始めのアスパラガスと一緒に盛り込みました。

匠京地どり

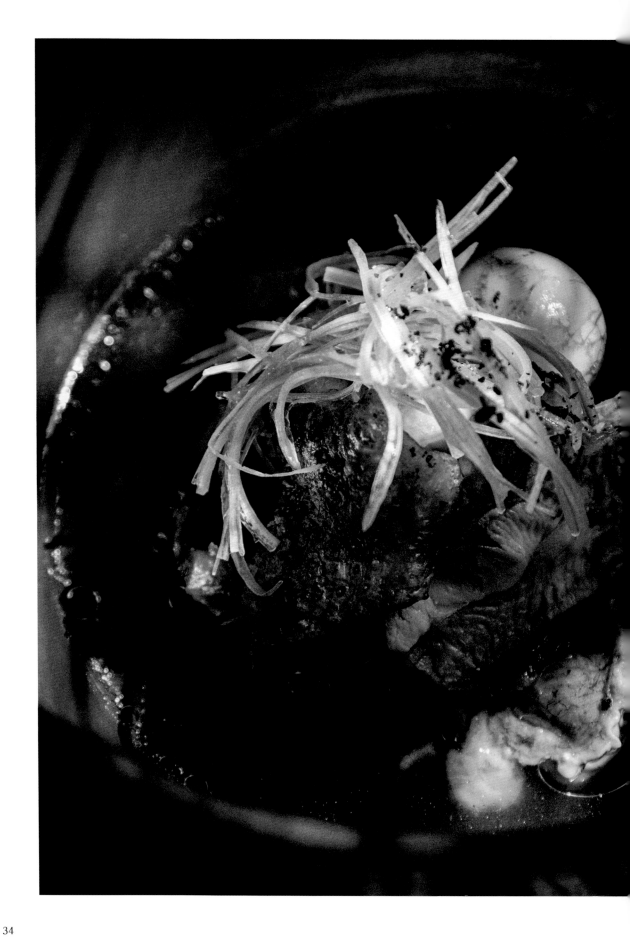

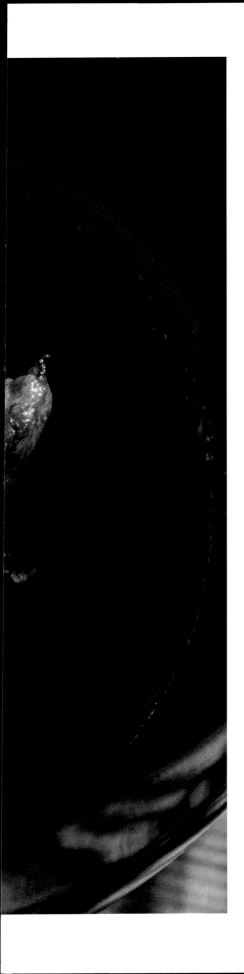

160日のこだわり

　京都市内から西の鯖街道と呼ばれる国道162号線を
1時間半ほど車で北上すると、京都府南丹市美山町に
着きます。畑が広がり、茅葺き屋根の家が立ち並ぶ横には
きれいな小川が流れ、山を見れば広葉樹が多く、文字
通り、昔ながらの美しい里山風景が残ります。

　美山町を含む京都丹波地域では長年、「京地どり」が
ブランド鶏として育てられてきました。

　基準はさまざまありますが、鶏自体の品種もこれまでから
一新し、軍鶏と横斑プリマスロック、という完全在来種を
かけ合わせた黒っぽい色をした鶏に変更し、餌や育て方、
飼育日数などの基準も近年、より厳しいものに改定され
ました。そんなこだわりの京地どりよりもさらに厳しく、徹
底した管理で「匠京地どり」を育てられている篠山直也
さんにお話をうかがいました。

　通常の京地どりの基準よりも遥かに多い籾米を飼料に
混ぜ、トウモロコシを与えない飼育方法。同様に、飼育日
数も100日以上とされる基準を大きく上回ります。篠山さん
が一番良いと思うタイミングは160日。時間をかけて育て
られた「匠京地どり」は、引き締まってすっきりとした味わ
いになります。

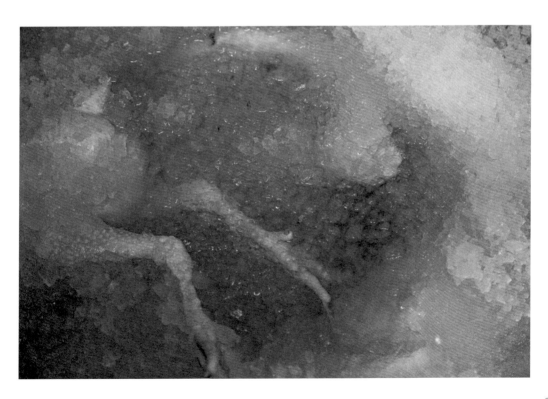

すっきりとした旨味

　篠山さんは、昔の地鶏というのは、米を主な飼料として
いて、トウモロコシはやっていないのではないか、という問い
から、全国的にも珍しく、トウモロコシを入れない飼料を与
えています。また、屠畜時に肉の温度が上がりすぎない
ような手法で捌き、血抜きもしっかり行われます。
　それにより、すっきりした味わいで、適度な歯ごたえもあ
わせ持つ、美味しい地鶏になりました。また、鶏がらで取っ
たスープはあくも出なくて、濃厚な香りになりました。1羽
分をいただき、もも肉やむね肉はもちろん、内臓など、全て
別々に火入れをし、鶏がらのスープも加えて全て使い切る
料理にしました。

樹齢400年の恵み

　京都市左京区大原から鯖街道を車で福井県の小浜
方面に進むと、30分ほどで朽木という古くからの宿場町
に着きます。朽木は2004年末まで滋賀県唯一の村として
存在し、古来、「朽木の杣」の歌枕で知られる、木材の供
給地でした。

琵琶湖に注ぐ安曇川が流れ、現在は、夏には鮎釣り客やキャンプ客で賑わう町となっています。

　そんな自然豊かな朽木には、樹齢400年ほどのトチノキがあります。夏が終わると硬い実をつけ、長年、栃餅が特産品として作られてきました。近年、栃の実の収量が減り、他府県からも仕入れながら、今も地元のもち米を使用して栃餅生産が行われています。

　生産されているのは、山深い雲洞谷という地区で、朽木の中心部で雪が降っていなくてもここでは降るほど。そんな寒い地域で、3軒の生産者がグループを作り、作り続けています。今回お話をうかがった山下露子さんのご夫妻は現在60代で、生産グループ内では最年少。天日乾燥に皮剥き、あく抜きと、本当に手間暇のかかる作業ですが、楽しそうに手際よく作られているのが印象的でした。

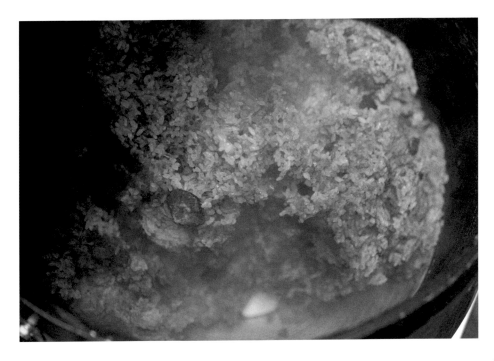

食べにくい木の実の滋味

　栃の実はあくが多いことでも知られ、世界的にも食べる風習が少ない木の実です。食べられるようにするには、相当の手間と時間がかかるため、一番食べにくい木の実と言っても良いかもしれません。

　全て手作業で皮を剝いたり、水に1週間晒したり、さらに灰を使用してあく抜きをしたり…。餅に混ぜ込むまでに10日は必要となります。それをもち米と一緒に蒸して、杵で突いて、ようやく栃餅になります。

　そんな手間暇かけて作られた栃餅は、少し苦みがあります。油と相性が良いので素揚げにし、近くの山で採れた山菜の天ぷらと合わせ、春の山野草のもとに落ちた栃の実を表現しました。

　先人の知恵と、手間暇を惜しまず栃餅を作り続けていただく生産者に感謝をしながら、皆さまにもぜひ、滋味深い味に触れていただきたいと思います。

水

命の源泉 湧き水

　海の前の棚田には豊富な山からの水が張られ、田植えが終わっていました。

　若狭には古くからの祭事があります。それは、奈良・東大寺の「お水取り」の10日前に行われる「お水送り」です。鵜の瀬という場所から、東大寺若狭井に繋がる水脈があるとされ、この行事は長年守られてきました。

その他にも、「瓜割の滝」や「雲城水」といった日本百名水に選ばれている水がありますし、水道水は地域ごとの湧き水を浄化して各家庭に配水されています。

　日本海側と太平洋側に流れ行く源泉が分かれる「中央分水嶺」が日本海側に一番張り出しているのもこの若狭。山のミネラルをたくさん含んだ水が勢いよく湧き出ていることで海の潮臭さもなく、魚が多く獲れてきたとも言われています。

　まちにはたくさんの水汲み場があり、一般家庭用はもちろん、飲食店や酒蔵の方など、たくさんの人が当たり前のように水を汲みに来ます。一緒に汲ませてもらい、京都まで持ち帰ってきました。

海と山つなぐ味わい

　水は変幻自在に形を変えます。目に見える水もあれば、気体となり目に見えなくなる水もあります。勢いよく川を流れる水もあれば、土の中に浸透しゆっくりと時間をかけて流れる水もあります。

　福井県・小浜の漁港内に湧く「雲城水」は100年の歳月をかけてここに流れ出ているとも言われています。その雲城水を用い、米を土鍋で炊きました。まだまだ水が多く、水蒸気が勢いよく立ち上るタイミングで火を止め、少し間をおいて蓋を開けると、火の勢いに追われた水が米に逃げ込んで、米は水を全て含んでツヤツヤの「煮え花」になりました。これを飯碗にひとすくい盛り、上には鯖街道の道中にあるしば漬と山野草、縁には乾燥した若狭わかめを添え、白湯を注ぎ入れます。

　蒸気とともに磯と山の香りが立ち上がりました。さらさらと口内に運ぶと、海と山をつなぐ鯖街道を感じる味わいです。

浸透半ば

1000年先の食卓の為に

鯖街道と縁が深い京都市左京区に生まれ育ち、生まれて初めて見た海は福井県・小浜の海でした。

自分がプロのバスフィッシング選手になるとは考えもしていなかった小学生時代、釣りの面白さに気づいたのも小浜でした。魚屋が並ぶ商店街に立ち寄った時、魚屋のおっちゃんが「これ食べてみ！」と僕に生きたエビを差し出し、自分の手でピチピチ跳ねるエビの頭を取り、殻をむき、筋肉質で甘い身の味に感動したのも小浜でした。

父と兄が海へ潜り生きたアワビを大量に捕ってきて、浜でそのまま生のアワビにかぶりついて、磯の香りやアワビの美味しさを知ったのも小浜でした。浜で泳いで知らぬ間に深い所に居て、溺れかけたのも…。

僕が小さな頃は京都縦貫道も通っていなくて、他の高速道路も今ほど便利ではなく、"海"といえば小浜の海を想像していました。当時は普段の生活の中でも、魚屋に行けば「若狭もの」といわれる鮮魚や一汐した甘鯛や鯖、木樽に入った小鯛のささ漬などが並んでいました。

小浜に着けば、市場や浜辺はもちろん、葛まんじゅうを売っているお菓子屋さんまで、たくさんの京都人がいつもいて、町の人が話す言葉も関西弁で、別の県に来た感覚はなかったのを思い出します。

地元の公立高校を卒業してすぐに渡米し、アメリカでプロのバスフィッシング選手になる夢を叶えました。日本食を食べたことのないようなアメリカ人に料理を振る舞うことが増えていたアメリカ生活4年目を迎える頃、京都の生麩屋さんがニューヨークで精進料理店を開く準備をされていると聞きました。ご縁が重なり、2009年の立ち上げに関わらせていただけることになり、それから6年、料理人として、マネージャーとして、アメリカ人のお客さまやスタッフに日本のことを伝える経験をたくさんさせていただいたことで、料理人という仕事を超えた「カリナリーディレクター」という肩書を名乗って、飲食にまつわること全てに精通する仕事をしていくことを決意しました。

アメリカから久しぶりに帰国した2015〜2016年。若狭御食国大使を務める父とともに、久しぶりに小浜に向かいました。目に飛び込んでくる風景全てが懐かしく感じましたが、昔の活気をあまり感じることがなく、少し寂しさを覚えました。

ただ、そこに息づく生産者や行政の方々、料理人の想いは強く、自分が関われることがあれば、何かするべきだと直感的に感じました。

それから、2軒のオーベルジュの開業に携わりながら、小浜と京都の文化交流の深さや、その周辺に息づく人たち、生産現場の危機感などを深く知り、鯖街道周辺の魅力や大切さを多くの人が知ることで、圧倒的なスピードで消えていきそうな大切なモノやコトをもう一度考えるきっかけづくりができると思いました。

近年、サスティナブルやリジェネラティブといったワードをさまざまなところで目や耳にします。しかし1500年という単位を肌で感じ、さまざまな文化を紡いできた京都や若狭の人々にとっては、そんなに特別なことではありません。自分たち自身が幸せになる本質的な取り組みをし続けていけば、1000年先の食卓にも、自然な笑顔が生まれ、さらなる1000年を考える人々が生き続けるのではないかと思うのです。

この本のタイトルである、「Percolate」は"浸透"を意味します。この土地にそういった想いは長い年月をかけて浸透し続けています。一滴の水が広く深い大地に浸透していくのにはまだまだ長い年月が必要なようです。

鯖街道の日

2019年、京都市左京区大原で長年商売をされている方や福井県小浜市の行政関係者と一緒に、3月の第2日曜日を「鯖街道の日」と定めました。この日に合わせて、「各宿場町でできることを一斉に行って、心もつなぎましょう」といった、特に決まったリーダーがいるわけでも、決めたことをするわけでもないゆるっとした進め方でした。

それが思いのほか、さまざまな人の心を動かしました。年々内容も楽しいことが増え、参加者数も増えてきています。

2022年からは、京都・八瀬で「やせのそとあそび」というイベントも始まりました。鯖街道をもっと京都の次世代の人たちに知ってもらえるようにと企画し、バスでも電車でも自転車でも参加できるように取り組んでいます。

2000年代初頭にそうした試みが始まったんだと数百年後の人たちに思ってもらえるよう、地域の皆さんと一緒に取り組んでいきたいと思っています。

夏————Summer

山椒

樹齢90年

　山の緑が深くなる頃、京都の市街地から鯖街道の一つ、鞍馬街道を抜け、花背に向かいました。

　父の実家が花背にあるので、小さい頃からよく通った街道ですが、この季節は一番好きな季節です。木漏れ日が気持ちよく、山深くなるにつれて気温が下がっていくのを肌で感じるからです。

そんな鞍馬～花背一帯では昔から山椒がよく採れ、京都の山椒好き文化が生まれたとされています。

　山椒は『魏志倭人伝』や『古事記』にも、古名の「ハジカミ」として記載されています。平安時代には薬用として用いられたり、室町時代にはすでに鰻の蒲焼に使用されていたりした、という記録も残っており、僕自身も日本古来の香辛料だという認識で普段からさまざまな料理に使用しています。

　今回うかがった所には、推定樹齢90年以上の山椒の木が凛と立っていて、その幹には苔が生え、枝にはしっかり実も葉も付いています。足元に目をやると、石垣の隙間から50センチほどの山椒の木が生えていたり、砂利の隙間から10センチほどの新芽が出ていたり…。次世代の生命も感じながら、「まだまだ現役」と言っているような老木の圧倒的な存在感と力強さを感じました。

畑の「出会いもん」

　鞍馬〜花背一帯に拡がっていた山椒群は管理する人が減り、公式の収穫量としてはほとんどない状態です。しかし、林の方に目を向けると自生する木があったり、各家庭の庭には必ずと言っていいほど生えていたり、今回のように、大きな親木から実が落ち、勝手に根付いているのを見ると、やはりこの風土に山椒が適しているのだと感じます。

　推定樹齢90年以上の山椒の木の葉を採り、口に含むと爽やかな香りが口から鼻にかけて広がりました。ちょうど、そのタイミングでこの木の持ち主である叔母が、目の前の畑から立派に育った胡瓜をもいで持って来てくれました。何気なくその胡瓜をそのままかじると、少し前に食んだ葉山椒の余香と胡瓜の香りが相まって、まさにこの時季に身体が欲していた美味しさだということを全身が感じました。この「出会いもん」の表現として、胡瓜を炊き、冷やしたところに刻んだ山椒の実と葉を和え、「胡瓜と山椒の冷製」ができました。

　旬の出会いもんを食べることは、身体が素直に喜ぶと思うので、ぜひご賞味いただけたらと思います。

しば漬

継承される赤しそ

　京都の市街地から北山に向かい、比叡山の麓を抜け
20分ほどで大原に着きます。
　夏の間、大原の畑は所々、一面赤しそで真っ赤にな
ります。毎年その赤い畑を見ると、「あー、夏が来たな」と
思います。

　「しそ」というのは本来、赤しそを指します。平安時代から本格的に栽培され始め、長年、大原では種取りをして代々栽培し続けられていて、全国の赤しその中でも、少し葉が縮れる「大原の赤ちりめんしそ」は原種に近く、香りや色、味などが最高級であると、大手製薬会社の研究でも発表されたようです。

　6月半ば頃に、この赤しそと千両茄子が揃えば、大原にある3軒のしば漬屋さんは一斉に仕込みを始め、1年で一番忙しい時期が始まります。それと同時に集落中の一般家庭でも各々にしば漬が始まるので、軒先には赤しそが置かれている様子をよく見かけます。1年分のしば漬が漬け終わる8月末、辻しば漬本舗の蔵では最後の赤しその刈り込みと選別がいつも通り手作業で行われていました。

大原のご馳走

　8月末、辻しば漬本舗の蔵には、ひと夏かけて漬けた100丁ものしば漬樽が、ずらりと並んでいました。

　使用する赤しそは、長年種取りを続けた全量自社栽培のもの。丁寧に手作業で選別され、千両茄子と塩を合わせて自然な乳酸発酵により1ヵ月ほどで漬け上がります。

　漬けたては、爽やかな乳酸発酵の香りがあり、塩味も随分少なく感じます。そんなしば漬を味見しながら、大原では昔から、お客さんをおもてなしする時は味噌の入った鶏鍋を作るというお話をうかがいました。

　帰り道の里の駅大原で買った旬のまくわ瓜と焼いた鶏肉に大きめに切ったしば漬と味噌を和え、上に刻んだしば漬と茗荷を合わせたものを載せて、大原のご馳走とも言える「鶏としば漬の味噌和え」を作りました。

　自然に乳酸発酵したしば漬はさまざまな料理でも使用できます。大原では「炊きしば」と言われるしば漬の佃煮のようなものもあります。鯖街道上に長年育まれた赤しそで漬けたしば漬を皆さんにもさまざまな形でご賞味いただきたいです。

へしこ＆なれずし

小学校育ちのへしこ

　京都市内から若狭街道を1時間半ほど車で走ると、若狭小浜でも一番京都寄りにある漁村の田烏という地区に着きます。そこには廃校になった小学校をリノベーションした、地元生産者が使う生産施設があります。2階には、歴代の校長先生の写真に見守られながら、木樽で熟成される鯖のへしこ加工場があります。

「へしこ」は若狭の伝統的な保存食。魚の内臓をとりだして塩漬けし、さらに糠漬けすることで腐らせずに長期保存できます。

　「鯖、塩、糠、鷹の爪」というシンプルな原料のみを使用し、ここで製造しているのは角野高志さん一家。普段はわかめやあわび漁を営まれています。

　若狭では江戸時代中期頃からへしこを作られていて、鯖の他にイワシやイカ、フグなどでも作られますが、鯖が大漁に獲れていたことや、それが京へ運ばれ都人に好まれたこともあり、鯖へしこの産地として有名になりました。角野さんは800グラム以上の鯖のみ使い、木樽で1年以上熟成します。一つの木樽に入るのは50匹ほどで、その中でも旨味がしっかり出たものだけ、「特上本づくりへしこ」として販売されています。

　塩気よりも旨味をより感じ、全く臭みが出ない作り方に驚かされました。

寿司の原形 "なれずし"

　なれずしは「熟鮓」と書きますが、元々は室町時代にタンパク質の保存食として生まれました。いろいろな魚や肉を米に漬け込んで発酵熟成をさせたもので、「寿司」の原形と言われています。寿司は江戸時代に酢の流通が拡がると同時に登場した、ファストフードのようなものでした。

　小浜・田烏にて、昔ながらの作り方でへしことなれずしを作られている角野高志さんの「特上本づくりへしこ」。1年以上、木樽熟成されたこのへしこの塩分を抜き、炊いたご飯と麹をたっぷり付けて再熟成すると、乳酸発酵が進み、身はきれいなオレンジ色をした「鯖なれずし」が出来上がります。手間暇かけて作られたなれずしは地域では祝い事の時に食されます。

　臭みがなく、ほんのり甘い味わいの、この鯖なれずしと鯖街道上のさまざまな初夏野菜を合わせて、7月の祇園祭のような伝統と賑わいを感じる一品に仕立てました。

　寿を司るといった縁起物の原形、なれずしを皆さまにも是非ご賞味頂ければと思います。

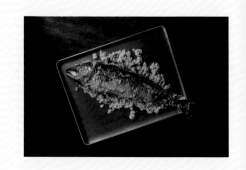

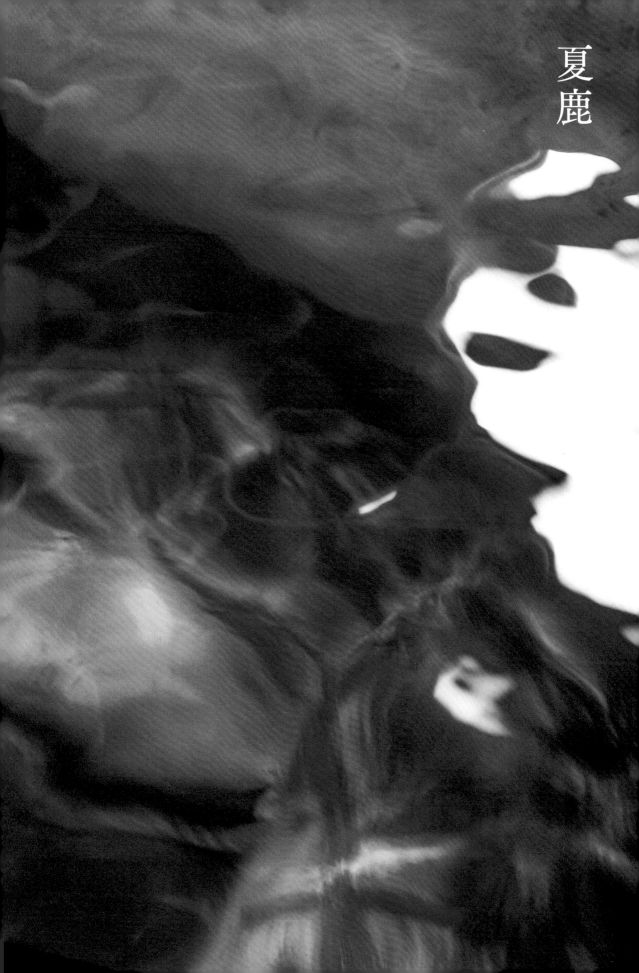
夏鹿

「一網打尽」で食べ尽くす

　京都市内から"西の鯖街道"と呼ばれる国道162号を
北上すると、京都府南丹市美山町に着きます。若狭に着く
一歩手前の集落には茅葺き屋根の家が多く、おくどさんや
囲炉裏を使った生活が残り、周辺は杉などの針葉樹よりも
広葉樹が多く昔ながらの山の景色も残っています。

そんな地域も近年、鹿や猪の爆発的な増殖で、車との接触事故や農作物への被害などが頻繁に起こっていて、有害鳥獣として多くが駆除対象とされてきました。

　動物愛護の観点から批判もありますが、実際、地域の人たちにとっては、生活がかかった深刻な問題。増えすぎた鹿や猪を一網打尽にして食べてやろうという強い思いで2016年、地域の猟師と料理人たちが連携した事業組合「一網打尽」が始まりました。

　うかがった日は、少し小さめのメス鹿が罠にかかり、処理施設に運ばれていました。解体の一部始終を見せていただきましたが、作業はあっという間で、部位ごとにきれいに並べられた肉は全く嫌な臭いがせず、肉本来の香りを感じました。

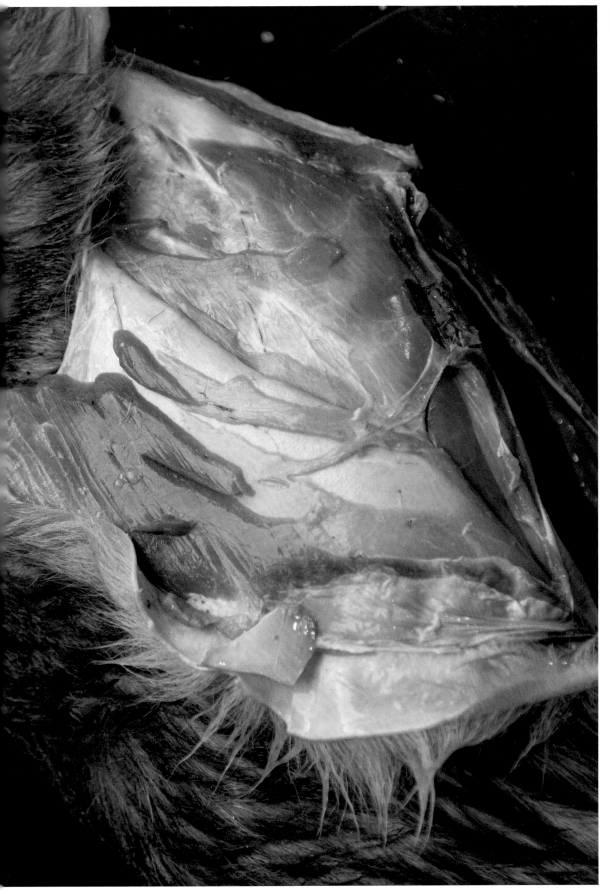

赤身の旨味

　京都府南丹市美山町でジビエの食肉加工を手がける「一網打尽」。鹿は地下水でしっかり冷やされてから解体されます。解体にかかる時間はほんの20分ほど。あっという間に終わり、部位ごとに綺麗に並べられていきました。話を聞くと、やはりロースが一番人気。その他の部位は硬いイメージがあるのか、なかなか使っていただけないとのこと。ただ、料理方法さえ工夫すれば、柔らかく食べられたり、食感を楽しめたりできるそうで、部位を細かく分けて説明していただきました。

　今回使用したのは、外もも肉のサクサクした食感が楽しめる部位でした。木々の新芽をたくさん食べる梅雨から夏にかけての鹿は一番脂が乗っていて、赤身の脂分と旨味をしっかり感じます。その肉を鉄板で夏野菜や丹波しめじ等と一緒に焼き、同じ美山の牛乳を使って作られたヨーグルトをソースにして、黒七味で引き締めました。

　部位ごとにある食感の違い、味わいの違いをよく理解しながら、美味しい鹿肉を余すところなく料理人が使っていけば、一般家庭でも普通に料理する時代はそんなに遠い未来ではないと感じました。

若狭梅干し

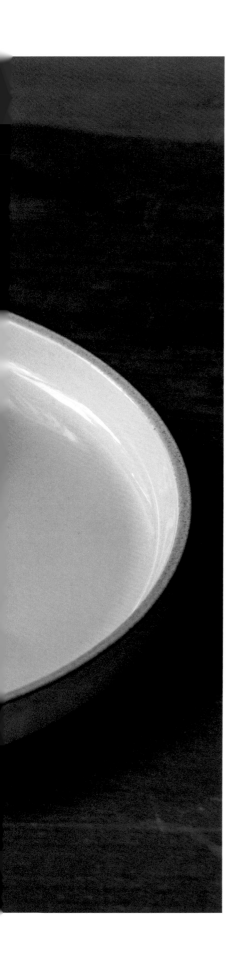

青々とした梅畑

　若狭で梅栽培が始まったのは、約200年前とされます。地域に定着したのは明治15（1822）年頃で、当時は地域の名称を取り、「西田梅」と呼ばれていました。

　次第に生産量が増え、昭和初期に生産組合が組織化されて増産、昭和後期には全国3位の一大産地となり「福井梅」と名称が変わっていきました。今では、日本海側では最大の梅生産地となっています。

若狭で栽培された梅は鯖街道を通り、京都にも運ばれていました。

　今回は昭和初期から代々、小浜湾の目の前で梅生産を続けておられる山田長一さんにお話をうかがいました。70年ほど前から生産している梅畑には、3品種、合計500本ほどの梅の木が植えられており、いまだに昔の名称である「西田梅」として出荷されています。

　初夏を迎えた頃、小浜湾を望む梅畑には、青々とした実がたくさん付いていました。収穫は6月いっぱいかけて品種ごとに順番に行うそうで、まずは「剣先」、次に「紅映」、最後に新品種で肉厚の「福太夫」となります。夏が終わる頃には梅干しになるのを楽しみに、梅畑を後にしました。

甘味感じる白干し

　梅雨も明け、夏の日差しが一番強い8月の1週目に梅農家の山田さんを再訪しました。ビーチが大賑わいになる夏休みですが、梅畑から見える小浜湾はいつもの静けさを保っています。6月にうかがった時、たくさん実っていた青梅は全て収穫され、倉庫で塩漬けになっていました。その塩漬けされた梅は順番に棚に並べられ、畑のすぐそばにあるビニールハウス内で強い日差しをしっかり浴び、表面は乾燥しつつも果肉はポテッとした状態で干されています。

　通常は、この白干しと赤しそを合わせて漬け直し、赤しその色で赤く染まった梅干しが完成します。

　今回、白干しの状態で一口いただくと、太陽を浴びた温もりとともに果肉の甘味を感じました。いただいた品種は、育てられている3種の中で歴史が一番浅い「福太夫」ですが、果肉の多さと甘味が特徴的。その果肉のフルーティーさを意識して、目の前の小浜湾で上がった渡り蟹を茹でて、夏野菜と合わせたところに種、果肉、皮を分けて盛り込みました。梅本来の香りと甘味は強すぎず、すごく優しい味わいで、当店でもさまざまな料理に使用しています。

　炊き立てご飯に梅干しは日本を象徴する食事であり、永遠に残っていってほしい食文化だと感じます。

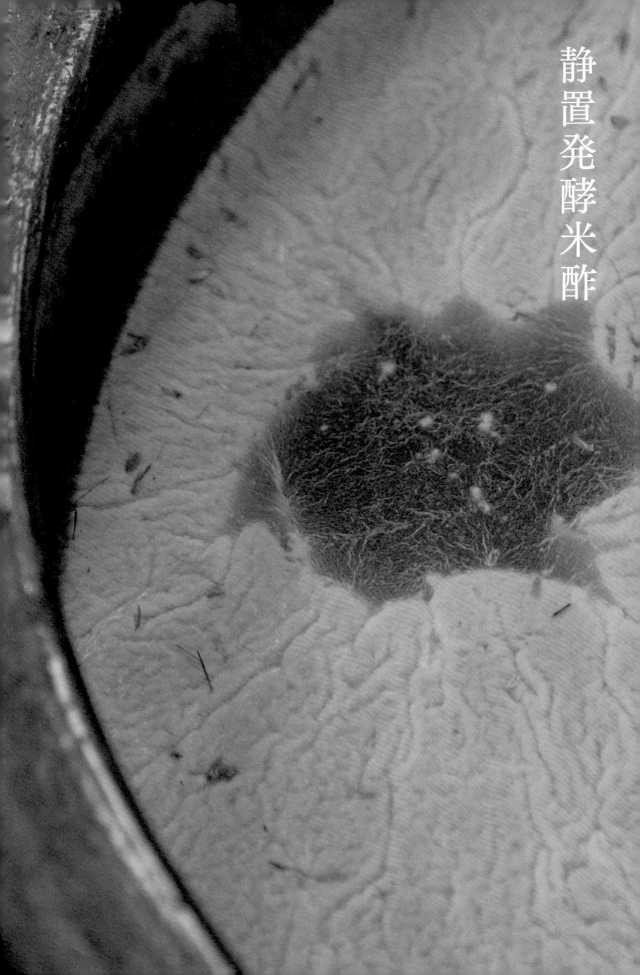

静置発酵米酢

300年の複雑で豊かな香り

　京都市から鯖街道を抜け約1時間半。福井県唯一の
国宝建造物を有する明通寺がある小浜市松永地区の入
口に、創業300年以上の「とば屋酢店」があります。

元々、海の近くに店を構えていましたが、平成の初頭に地区の開発が進み、移転を余儀なくされ、市内で水が一番豊かな場所を求めて現在の場所に移られました。

　醸造所の一番奥の部屋には約30個の大きな壺がもみ殻に埋まり、上から藁が被されていて、なんとも複雑な酢の香りが立ち込めています。

　壺の大きさはさまざまですが、大きなものは高さ約1メートル、約300リットル入る陶器製。人が入れるほどのサイズで、動かすのも一苦労です。

　藁の覆いを外すと、液体の表面には静置発酵独特の「酸膜」と言われる白いトロっとした膜が張っていました。静置発酵は全ての原料を壺に投入して、一度も触ることなく発酵熟成させていきます。約2か月間、酢酸菌がアルコール分と糖分を酢に換えていきます。

　そうして、静かにゆっくり発酵した米酢は複雑で豊かな香りを持った壺の酢に変わるのです。

まっ白な酢粕をソースに

　福井県小浜市で300年以上酢を造られている「とば屋酢店」が静置発酵の米酢に使用する壺は、現存する記録にも記載されていないほど、昔から使用されています。大きな壺の縁には、酢の醸造を表すと言われている「勘」の文字が彫られており、その壺に日本酒と蔵で丁寧に造られた甘酒をたっぷり入れ、ゆっくりと発酵していきます。そして、上澄み液だけをすくい、下に溜まった甘酒をたっぷり含んだもろみを酒袋に入れて優しく絞ると、柔らかい酸味を帯びた真っ白な酢粕が取れました。

　その酢粕に少しだけ塩と米油を加えるだけで、複雑な香りと酸味を持ったソースに変わりました。壺型の器の底にソースを入れ、初夏野菜をさまざまに調理して、色とりどりに盛り付けました。

　爽やかな酸と塩味、そして甘酒由来の優しい甘味は、野菜の香りや旨味を引き立てるように合ってくれます。

　壺の中でゆっくり時間をかけて発酵させる静置発酵の文化が、この先も途切れず残り続けることを願います。

小鯛ささ漬

京都と若狭つなぐ一品

　福井県・小浜を流れる三川合流の河口域に小浜城
が立てられたのは、江戸時代に入って間もない頃でした。
その付近には北前船の係留場所や、荷捌き場、食品加工
場所なども作られ、全国から北前船によって運ばれた物資
は都で使ってもらいやすい形状や商品になり、18里（約
70キロ）の鯖街道を抜けて京都へ運ばれました。

　その品々の中には、「若狭小鯛」と呼ばれる塩漬けのレンコ鯛があり、冷蔵庫のない時代、京の料理人に重宝されていました。さらに京都でより良い状態で魚を使えるよう、一汐の技術が向上していったそうです。

　明治時代になり、京都にある若狭ものの卸問屋と小浜の魚屋が、当時、未利用魚とされていた小さなレンコ鯛をどうにか商品にして京都で食されるようにできないのかと考えました。そうして、できたのが今や小浜の名産品「小鯛ささ漬」でした。

　冷蔵庫のない時代、冬にだけ作られていたささ漬ですが、現在は小浜城横にある上杉商店で年間を通して製造されています。魚のサイズと身の弱さもあり、今なお1匹1匹手捌きの手仕事で、木樽に収められています。

木樽の香りと機能性

　杉を使用した木樽には小鯛が約10匹分、隙間なくほとんど真空状態で入っています。

　1匹1匹手捌きされ、小浜で作られた米酢を使用した調味液にサッと漬け込まれた後に、1枚1枚木樽に詰められていき、上からピッタリの木蓋で抑え込まれるように封じられます。杉が自然と酢の水分を抜きつつ、保湿しながら保存できます。

　数日経てば身まで酢が入るのですが、作りたてのものは、生に近い状態です。皮にも張りがあるので、包丁で切り込みを入れて食べやすいように、包みやすいようにしました。その身で夏の盛りの胡瓜おろしと辛味大根の鬼おろしを包み、浅い木樽に盛り込みました。

　昔は夏期には作られることがなかったささ漬ですが、冷蔵技術や輸送方法が変わった現代では年中食べられる商品になりました。

　漬けたての生魚の感じや酢の加減、夏野菜の軽快な食感が夏の暑さも吹きとばしてくれるようです。京都の卸問屋と小浜の魚屋が紡いだ小鯛ささ漬は、まさに鯖街道が結んだ理想的な商品です。時代が進んでもこの繋がりを感じる小鯛ささ漬が食べ続けられることを願っています。

若狭塗箸

　「日本食とは何だと思いますか」。そう問われることがあります。僕はいつも「お箸で食べること」と答えます。左に飯、右に汁、それらをお箸だけで食べるということに日本食の全てが詰まっていると思うのです。

　小浜は今なお、塗り箸の全国シェア80％を占める産地です。町では若狭塗箸関連のお仕事をされている方にもよく出会います。その中で、老舗塗箸メーカー「マツ勘」は2021年に護松園（旧古河屋別邸）に、オリジナルブランド「箸蔵まつかん」の本店を開業、ミュージアムも併設されました。古くから残る若狭塗の模様はその昔、漁師が自分たちの手に入るものを使い、いつも見ている海底の景色を模したものでした。そんな数々の模様見本や道具を間近に見つつ、地元の高校生が小浜の海で回収したプラスチックを素材にして開発した新しい塗り箸も商品化されています。

　若狭湾の景色が紡ぐ、塗り箸は今後も世代を超えて、日本の食の柱として進化していくのかもしれません。

秋—————Autumn

米

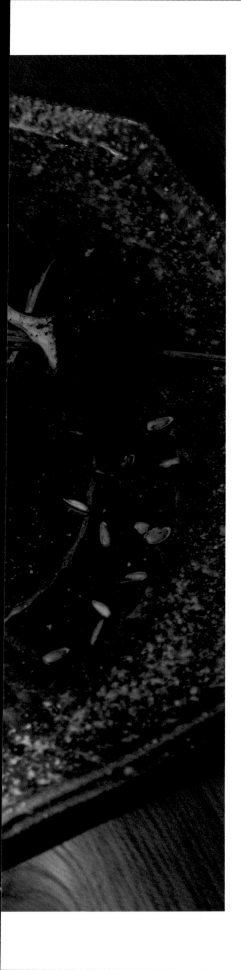

「ひまわり米」の栽培

　日本人の食に欠かせない米の栽培は3000年前から今
なお進化し続け、気候条件や病害虫にも負ける事のない
美味しいものが全国で作られています。その中で、御食国
若狭では、新旧の見事な技術の融合で栽培されている米
があります。「ひまわり米」です。

「ひまわり米」は向日葵を育てる所から始まります。

　お盆頃に満開になった向日葵をそのまま圃場で乾燥させ、晩秋に立ち枯れた茎や種ごと土に漉き込みます。そして翌春、水を張りやっと田植えが始まるのです。科学的な肥料は使用せず、向日葵の栄養だけで米を育てる。そしてその一連の農作業をIoTの技術を取り入れながら徹底的に管理し、9月の収穫期には、3000坪という広大な田んぼに一面きれいな穂を実らせるのです。

　そんな収穫一歩手前のタイミングに立ち会うことができました。

　向日葵は次の命を生むため、種を大きくする。そしてその横で、1年前の向日葵の栄養を蓄えた稲が元気よく育っていました。こうして年々、この圃場では命の循環が行われていくのです。

　そんな命の循環を感じ、一皿を仕上げます。

神々しい「おむすび」

　沈み行く太陽が向日葵の命を受けて育った稲穂を黄金色に輝かせています。

　その横で「見頃」を過ぎた向日葵もまた、下を向きながらも太陽の方へしっかり体を向けていました。そうしてたっぷり栄養が送られた種は小粒ながらもふっくらと膨れています。

　種をそのまま1粒口に含むと、ナッツのような、油分と香りをかすかに感じました。これが全て稲の栄養になると思うと、「ひまわり米」の自然な美味しさに納得させられました。同時にこの向日葵の種と稲穂である米を一緒に食したいと自然に手が動きました。

　米を洗い、水を含ませ、火にかけ炊くと「お米」が「ご飯」に変わります。これに塩を少し振り、俵形に握れば「おむすび」となります。

　日本の神話に登場する三柱神（造化三神）にも例えられるものの集合体で、炊きたて、握りたてのおむすびはキラキラと神々しく輝きます。この上に炒った向日葵の種と揚げた稲穂を一粒ずつ載せました。向日葵のかすかな油分と香りは、見た目以上にひとつのおむすびを「料理」として昇華させてくれました。

納豆

"発祥の地"のこだわり

　京都市北西部に位置する京北地域へ、西の鯖街道と呼ばれる周山街道を抜けて向かいました。1363年にこの地に創建された常照皇寺には、明治期の作と考えられる寺の縁起を描いた画帖があり、そこには藁苞納豆が描かれています。全国各地で諸説はあるものの、納豆発祥に深い関係があると言われている源義家や平安京などとの関わりから、京北が納豆発祥の地であると強く伝え、この地で納豆作りをされている牛若納豆にうかがいました。

納豆の製造はいたって簡単です。大豆を煮豆にして薬に包んで高温多湿の環境に置きます。古くから各地で米と大豆を作ってきた日本で、自然発生的に納豆ができたのが容易に想像できます。しかしそれは"発生"であり、"発祥"ではないと、牛若納豆の福三田邦彦さんは言われます。

　牛若納豆では、豆の状態や気候によって、豆の蒸し時間などの工程を微調整しながら納豆を製造されています。この日も職人さんの経験を基に、大きな釜で蒸された大豆が次々と発酵室に運ばれ、納豆になるのを待っていました。

大豆の旨味、塩でこそ

　福井県・若狭と西の鯖街道で繋がる京都市北西部の京北地域。諸説はあるものの、鯖街道を通して御所に納豆を納めて"発祥の地"とされたのは自然な考えかもしれません。その時代の納豆は、今のようにそのままご飯に乗せて食べるような食し方ではなかったと言われています。一般的には汁などに入れて調理して食していました。

　自分自身、昔から納豆は塩で食べると決めています。大豆の香りや旨味が直に感じられるからです。京北地域で納豆作りをされている牛若納豆には多くの商品がありますが、基本的には豆の違い。納豆菌は高橋菌や三浦菌などをブレンドして独自の納豆を作られています。

　今回は藁に包まれた納豆を使用して、この時季に採れた枝豆を合わせて親子揚げにしました。塩を少しかけることで、本来の豆の味わいを感じながら納豆の香りや枝豆のフレッシュ感も感じられる一品になりました。器の下には藁苞を敷き、枝豆のさやを揚げて散らしました。

　枝豆が大豆になり納豆や味噌や醤油になる。日本の食卓は本当に大豆類に助けられていると思います。パックも良いですが、藁で包むことも残していきたい大切な文化だと考えます。

京北子宝いも

地元で愛される「新京野菜」

　京都市街地から北へ、西の鯖街道と呼ばれる周山街道
を若狭方面に車を走らせると、50分ほどで京北地域に着き
ます。京北と言えば北山杉などの木材が豊富な場所です。

その昔、桂川の流れに乗せて木材を運んだほど川の流れも豊かで、丹波高原の南端に位置していることから、野菜作りにも適した環境となっています。そのため、近年では新規就農者が少しずつ増えてきて、京都でも注目される野菜が美味しい地域となっています。

　そんな京北の名が付く「京北子宝いも」は、2008年から「新京野菜」として栽培され始めました。子芋をたくさんつけて、トロッとした食感が特徴で、地元でも愛される野菜に成長しています。

　中でも、タロウファームの藤田太郎さんは、さらに美味しくて自然に栽培できる方法を日々研究しながら、有機栽培や無肥料栽培に取り組まれています。菌糸の力を借り、周りの山々から栄養の循環を行う藤田さんの子宝いもは、毛細根が少なく、太い元気な根が付いていました。芋に栄養を送り朽ちていく葉からも命を感じました。

親、子、孫...食感活かし

　京都市の北西に位置する京北地域で、京北子宝いもを
栽培するタロウファームの藤田太郎さんからは、強い"芋
愛"を感じます。タロウファームの名もご自身の太郎と"里
芋"を指す"タロ"を掛けてとのこと。将来的には肥料も
使わない、可能な限り自然に近い方法で野菜を作って、山
と畑と生活の好循環化を目指されています。

　そんな藤田さんの作付けは3月頃から始まります。自身で
選別した種芋を植えて約半年、立派な葉と茎が朽ちてき
たら収穫時期を迎えます。種芋は立派な親芋となり、その周
りに子芋、孫芋がびっしりと付いていました。芋と芋の結合
部は普通の里芋に比べて小さく、芋へのダメージも少ない。
形によって食感が変わるので、良い形のものを集めて「京
北子宝いも」の名を付けて販売されています。

　今回の料理は親、子、孫のそれぞれの食感を活かしてみ
ました。親はサクッとした食感なので粗目につぶし、子芋の
形に成形して焼きました。子芋はそのまま揚げて実がトロッと。
孫芋は茹でて衣被ぎに。それぞれ、育ててくれた朽ちた葉
の上で集合です。

水
菜

生命力感じる昔ながらの味

　京都の市街地から北へ、貴船に向かう途中の市原という地域から東へ、大原方面に向かう途中に、静原という地域があります。街中からそう遠くない立地ながら通り過ぎる人が多い静かな山里は、この辺りで大原の次に料理人が野菜を求め、向かう場所です。

小さい頃から父に連れられ、クレソンや冬イチゴ、ヒカゲノカズラなどを採りに行きましたが、静原は両脇の山が近く寒暖差は大原よりも感じます。そんな自然豊かな山の力を強く感じる畑で育てられているのが、ごわごわとした深い緑色の葉野菜「昔ながらの水菜」です。

　この野菜を見て、「水菜」だと答えられる人はほとんどいないのではないかと思います。近年、市場に出回っている水菜とは見た目も味わいも香りも食感も何もかもが違い、力強い生命力を感じます。噛めばしっかり濃い旨味があり、葉野菜独特の軽やかなえぐみがある。脳裏にしっかり刻み込まれたこの伝統野菜の味わいはそう簡単に忘れられません。

湯葉はりはり鍋

「水菜と言えばクジラやな」

撮影の合間にも数人の生産者から聞こえてきた同じ言葉。水菜と言えば今でもよく耳にする「はりはり鍋」は、元々はクジラと水菜の鍋で、昔の給食では「クジラと水菜の炊いたん」が定番だったとのこと。

しかし、クジラが手に入らなくなり、京都では「お揚げさんと水菜の炊いたん」に変わっていったそうです。自店でも「お揚げさんと菜っ葉の炊いたん」は開店当初から定番メニューとして提供しています。

この昔ながらの水菜は根っこまで美味しい。そしてその食感や旨味、香りの強さは十分主役を張れます。

その魅力をストレートに感じるはりはり鍋にするために、引き上げ湯葉を使用しました。この湯葉は自店用に特別厚めに引き上げていただいており、しっかりと大豆の香りと湯葉の食感があります。軽めの削り節のお出汁との相性は抜群。この冬、是非皆さんにお召し上がりいただきたい一品になりました。

たまご

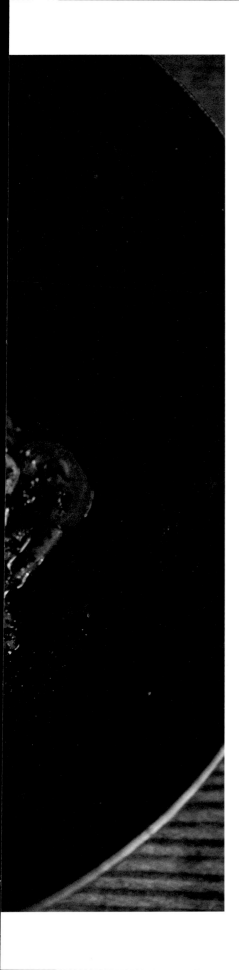

たまご

鶏の習性

　京都の市街地から比叡山の麓を抜け、20分ほど鯖街道を車で走ると、大原に着きます。朝夕の気温差があり、湿度も高く美味しい野菜が豊富なエリアとして有名な場所ですが、その大原でも木々が多く小川が流れるエリアに、小規模養鶏場の京都大原山田農園があります。

125

　山田さんの「野たまご」は有精卵で、濃厚なのにベタベタとした卵臭さがないのが特徴で、卵本来の力強さを感じます。

　その理由は、鶏舎の中を可能な限り鶏本来の習性に合ったつくりにしていること。鶏は一夫多妻制です。1羽の雄に対して10羽の雌が、砂利の混じった土の上で暮らしています。鶏たちはその土を巻き上げて土のシャワーを浴びます。また鶏には、高い所で休息する習性もあります。人間の身長よりも高い所に鶏が登れるようになっており、自然に近い環境になっています。

　そうした環境の中で雌は平均1日1個卵を産みます。ホルモンが整っている時は、卵を産んだ木箱から身動きせず卵を温めて孵化させようとしますが、その時の顔は正に、母の顔になっていました。

贅沢品の"命"の味

　自然に近い状態で平飼いされた鶏から生まれる京都大原山田農園の「野たまご」。卵は1羽の鶏から1日一つしか生まれません。生み場となっている木箱には藁が敷かれていて、毎日同じ模様の同じ形をした卵がほとんど同じ場所に生んであります。1羽1羽の鶏が、"マイスペース"で"マイペース"に生んでいるのかなと思います。

　近くの畑で採れた赤く色づき始めた伏見とうがらしと濃厚な野たまごの色合いに、秋を感じました。藁に見立てた全粒粉の平打ち麺と卵白を和えて器に盛り、卵黄をその上に優しく置きました。

　卵は一つ一つ鶏が生んでいる生命体です。それをありがたく頂戴する。昔の人が卵は贅沢品だと言っていたのを思い出しました。

　生み落とされた一つの命を大切に料理してみました。皆さまにもぜひ、この卵らしい卵の味をご賞味いただければと思います。

対談

鯖街道を介して結ばれる若狭・小浜と京都。
「京は遠ても十八里」と、峠道を越えて都に海産物が運ばれてきた。
文献資料をひもとき、その歴史をたどる小浜市文化観光課の学芸員川股寛享さんに、料理人としての問いを投げかけてみた。

中東 篤志

川股 寛享
小浜市文化観光課学芸員

若狭と京都

中東 若狭の海産物が朝廷に収められているのは、奈良時代からというのが、平城京跡から発見された木簡(御贄の荷札)から分かります。その食材を料理人が使うのは、いつ頃からでしょう。

川股 奈良時代も天皇の食事を作る人は料理人ですし、有力貴族も雇っていたと思います。ただ、そうした食材を一般の人が手にするようになるのはもっと後の時代。江戸時代の初めには、ある程度、庶民の食も意識されるようになりますが、本当に皆さんが食べられるようになってくるのは、江戸時代になってからだと思います。特に江戸時代後半になると、塩鯖とか、昆布とか、そういったものがどんどん入ってきたと思う。京都の人にとって古い時代は、琵琶湖産の魚や川魚が身近だったと思います。特に、鯉などがよく食されていたでしょう。

中東 鯖街道を語る上でも、琵琶湖は重要だと思っています。確かに、琵琶湖の湖魚は、京都でもたくさん消費されていたと思います。父

(「草喰なかひがし」店主中東久雄さん)もずっと昔から鯉を使っていますが、もっと現代でも食べられてもいいのにって思うんですよね。とても美味しいのに。今回、連載の中で、琵琶湖で最年少の漁師さんを取材させていただきました。魞漁でいろんな魚が捕れるんですけど、本当に美味しい魚が多いんですよね。臭みもないし、骨が多いわけでもない。海の漁師さんと比べても、手間って多分そんなに変わらないのに、湖魚があまり食べられないのは残念ですね。

川股 私は出身が岡山で、瀬戸内の魚をよく食べてきたので、正直、湖の魚って食べる機会があまりありませんでした。鮎なども縁遠い。おそらく京都だと昔は湖魚が一般的で、海の魚は手に入る機会はほとんどなかった。だからこそ、京都の方にとって湖魚の食文化は重要な位置を占めていたと思います。しかし、時代が下るにつれてたくさんの海の魚が京都に運ばれるようになってきます。そうすると若狭・小浜から、どうやってこの新鮮な魚を届けるかということが大切になってきた。鯉をはじめ、川魚を食べるだけの楽しみだったものが、例えば小鯛などの海の魚が手に入り食べられるように

なってくると、競争が生まれる。鯖などがたくさん入ってくるようになると、料理も工夫する。小浜の海産物を使った、違った食文化が京都の人に根付いてきたと思うんですね。しかし今、冷蔵、冷凍技術が発達すると、小浜から運んでくるより、飛行機の方が新鮮な魚を届けることができるかもしれない。こんな感じでどんどん変わってくると、小浜の魚を見る機会は減ってきています。

中東　小浜では、大根など野菜の生産も盛んですが、京都には運ばれてこなかったですよね。

川股　おそらく野菜は運んでいないですね。京都の人が欲しいのは、鮮度のいい魚だったからでしょう。野菜は京都近郊でもたくさん作られている。

中東　逆に、京都から持って帰られたものは？やはり着物とかでしょうか。

川股　着物もそうだと思いますが、文化、お祭りなんかも伝わっています。人との交流の中で、京都ではこういう祭りが流行っているというように伝わったのだと思います。一番分かりやすいのは、京都の壬生寺の壬生狂言。小浜にも、名前もそのままに壬生狂言として伝わっています。今も和久里という地域の西方寺で7年に1度奉納される。今、京都の壬生狂言で演じられない、演目が残っているといいます。国の選択無形民俗文化財になっています。

中東　面白いですよね。地蔵盆だとか六斎念仏などともある。山車が出る放生祭や祇園祭もありますね。

川股　春の祭りでそれぞれの神社で舞われる「王の舞」も京都から伝わったとされます。都で残っていないものが受け継がれ、独自に行われているのが面白いんです。

物流を変えた北前船

中東　小浜からの物流を考えるとき、北前船も重要になりますね。北前船が動き出したのは、いつ頃でしたか？

川股　江戸時代からですが、ものすごく発展したのは江戸時代後期。北前船で運ばれた昆布を小浜の商人が加工し、京都などにも運ばれていました。江戸時代には若狭昆布の本家「天目屋九郎兵衛」という昆布商が小浜城下にあり、一子相伝の「召の昆布」を小浜藩主の命を受けて製造、商いをしていました。その家の由緒書によると、室町時代から一子相伝で製法を受け継ぎ、将軍家や諸大名にも献上していたとされます。狂言の「昆布売り」に出てきますね。当時よく流通していた昆布は、今、私たちが思ってるようなあの羅臼昆布のような昆布だったかどうかは分からないです。真昆布のような昆布だったかもしれない。

中東　北からの船が小浜により、昆布をおろす。他に運んだものは。

川股　一番運搬量が多いのは、お米です。豊臣秀吉の時代、朝鮮出兵がありました。当時、小浜の豪商が東北のお米を秀吉の基地である北九州の名護屋に運んでいました。戦争になると食糧補給が重要になります。一度に大

量輸送できる、船が重要になるのです。その後、日本海の航路が確立し、東北や北陸の米を、大阪・堂島の米市場に運び、お金に換える。そうしないと、経済が回らない。ですから、お米って都会に集まるんですよね。江戸、大坂、京都には、いろんな地域からお米が集まってきますよね。

中東 北前船とともに、鯖街道の利用は？

川股 小浜から今の鯖街道を通って熊川に出て、近江今津から船で大津へ。それが昔のルートなんですけど、大坂まではさらに時間がかかるので、船でいっぺんに運んだほうが便利だというようになる。江戸時代の半ば以降になってくると、徐々に小浜の港としての役割が下がっていく。

中東 京都に運ばれたものは、米のほかにどういったものがあるでしょう。

川股 多く運んだのは海産物。特に四十物と呼ばれる塩鯖やニシン。現在も使われている棒鱈や身欠きニシンなども運びますが、ニシンを材料にした〆粕は、肥料に使ってたんですよ。その肥料がすごく大事で、農業の生産性がぐっと上がった。北前船の重要な役割の一つでした。北前船が日本各地をつなぐことで、食文化も含め、地域にいろいろな文化が落とされ、そこでまた地域独自の文化が発展している。

中東 逆に若狭から荷物を積んで北海道に持って行ったものはありますか？

川股 そうめんなども有名でした。そのほか、

油桐の実をつかったころび油。毒性があって食用ではないのですが、明かりをともしたりする時に使っていた。今も小浜には自生していて実がたくさん落ちていますが、使われることはない。他にも小樽の倉庫に使われている瓦も小浜から運ばれた若狭瓦です。

食文化の変化

中東 時代とともに、食文化も変わります。

川股 江戸時代は藩の枠組みが中心にありましたが、明治になってくると、交通も発達して人々の動きがこれまで以上に活発になります。そうすると文化がいろいろと変わっていくんですね。ですから今、私たちが普段食べてるような料理は、江戸時代の後期や明治時代に大きく変化しているのではと思います。例えば江戸時代は、塩を振った、いわゆる半生の状態の若狭小鯛が京都に送られ、塩抜きをして食べられていました。それが明治の後半、京都の商人と小浜の魚屋さんの手で小鯛ささ漬が考えられた。小鯛を塩と酢で少し漬けることで保存性を高めているんですが、江戸時代と違って調理をすることなく、そのまま食べることができる。少しずつ加工技術が上がり、京都の人にもより食べやすいような形で進化して、身近に手に入りやすくなったといえます。

中東 冷蔵なしで作るわけですから、もともとは冬の食べ物ですよね。魚が冷凍保存できる今も、季節にこだわって作っておられる方もいらっしゃる。

川股 小浜の生産者は、料理人にとって、完全に味付けを施さない状態が大事だと、最後に調整する余地を残して作っておられます。

中東 僕も今、商品開発する中で、一般家庭用のものと料理人に使ってもらうもので、違いがあります。料理人はできあがりの味を自分で調整できるように余白を残しておかないと使えない。そのまま食べる人もいれば、調整してもよいという方が、食べ方に幅があり、楽しみになります。京都と若狭の連携は昔の方が濃かったのでしょうか。昔は、今ほど直接の連携が難しかったと思いますが。

川股 今よりもしかしたら、連携があったのかもしれないと思います。今は、業者の方や料理人の方は市場を通して商品を買うじゃないですか。でも昔は、よい品を入れるためには、直接会う。担ぎ手が運んだ魚を持ち込んだ際に、こんな魚を集めてほしいとか、漁師さんにお願いしてほしいなど、お互いの信頼に基づいてやりとりをする。厳選したものを仕入れるためにも、ちょくちょくあっていたのだと思う。だからこそ面白いものも手に入るし、そうして、小鯛ささ漬なども生まれたのでしょう。また、求められるからこそ作るということもあったと思います。地域の人が食べるものと、贈りものは違います。例えば、小浜でよく食べられる醤油干し。見た目はみりん干しとあまり変わらないので、ほかの地域の人にとってみれば同じように感じられるかもしれませんが、甘味的なものが入ってないので、食べると全然違います。逆に、小鯛ささ漬などは特産品としてたくさん作っていますが、贈答品という感覚で、特別なものなんですね。歴史的に、京都で食べてもらうものという認識なのかもしれません。作り方

が昔と大きく変わっているものや現在では地元の人はほとんど食べなくなったもの。そうしたものを、伝統食、地域の食としてどう理解するのか。また、どうやって伝えていくのか、考えていかないといけない。

中東 もちろん伝統的な作り方、食べ方も大事です。でも、今の食がおいしいように、少しずつは変えていかないといけない。本質を変えてはいけないと思いますが、その本質は何かということを伝えるのが難しい。京都も長い時間をかけていろんなものが残ってきたのは、絶対、時代に合わせて自分たちでこうやって変えたらいいんじゃないか、という柔軟さがあったからこそ。時代に合わせたものが残っているし、多分よくしていこうっていうことでもあるやろうから。どうすれば、楽しんでもらえるだろう、とか、喜んでもらえるだろう、といった工夫を重ねてアップデートする。それが、いい形で残っていくんだと思います。料理に限らず、古いものと新しいもの、それぞれの良さがあり、両方必要なんだと思います。その中で、自分があっているものを選ぶ。楽しんでいくことが大切なのだと思います。

川股寛享
小浜市文化観光課学芸員。小浜市文化財保存活用地域計画の作成や市政70周年特別展「北前船船主 古河屋嘉太夫」など、歴史資料の調査や展示に従事。
また、福井県立大学で非常勤講師として小浜の歴史と文化に関する講義をする。専門は東洋文化史。

冬—————Winter

よっぱらいサバ

酒粕で育つ

　若狭湾に面して京都から一番近い場所に、田烏という
集落があります。京都市内から若狭街道を車を走らせる
こと約1時間半、最後のトンネルを抜けると広い日本海が
山の麓から拡がります。そのまま海岸に下りると、山に囲ま
れた綺麗な湾内に養殖用の筏がいくつか浮いているのを
目にします。

この田烏では1000年以上前から漁業が行われていたことがわかっていますが、江戸中期頃から鯖が獲れ始め、1970年代には年間1万2000トンの漁獲量がありました。しかし、いくつもの条件が重なり、現在では年間200トン以下にまで減っています。

　鯖街道の起点である小浜で、終着点である出町の酒蔵から出た酒粕を餌に加えて、鯖を養殖したら面白いのではないかと、2015年に「鯖復活プロジェクト」が立ち上がりました。「小浜よっぱらいサバ」と名付けられた鯖は、餌の配合や養殖技術、締め方などが年々進化し、環境負荷をできるだけかけない方法などにも取り組まれています。今では本当に美味しい立派な鯖が、毎年出荷されています。それも、研究者でもあり生産者である横山拓也さんを筆頭にしたチームの想いと、田烏の自然の相乗効果ではないかと思います。

すっきりとした甘みある身質

　鯖街道の起点である福井・小浜で、終着点である京都・出町にある松井酒造の酒粕を食べさせた「小浜よっぱらいサバ」は、若狭湾に面して京都に一番近い漁村である田烏で養殖されています。山からの地下水が湾内へ豊富に湧き出ていて、なおかつ潮通しも良い田烏は、鯖養殖にとても合っていると考えられます。

　昔は鯖の身質上、塩鯖にして運ぶことでしか、都で食すことができませんでした。48時間かけて運ばれたころには塩加減が良い塩梅になっているとのことで、京都でも鯖食文化が広まりました。しかし、今ではアニサキス（寄生虫の一種）などがつかない環境下で育てられ、朝に水揚げされた魚が、昼過ぎには京都に着いている流通網のお陰で、この鯖を生で食することができます。

　21世紀の鯖料理。そんな事を初霜が降りた鯖街道を走りながら考えました。

　酒造りにも使用される麹と塩、そして吟醸香のある荒濾しの白味噌をソースにして、薄氷に見立てた薄くスライスした大根とイチゴ、クレソンを合わせて一品にしました。そこに身体が冷えたときに欲しい火の香りをくるみチップの冷薫で付けました。

　冬の鯖街道、この時季にしか見られない景色もあるので、ぜひ皆さまにも足を運んでいただきたいです。

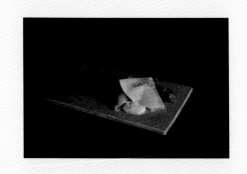

金時にんじん

力強い毛根

　福井県・小浜から若狭街道を抜け、京都市に入ってすぐ。市街地までもう残り20〜30分程の距離ながら、比叡山麓の谷間に位置する大原は寒暖差が激しく、日の出の時間には朝霧が立ち込めます。その朝霧が野菜を美味しくさせると言われていますが、大原地区を一望できる丘に位置する「パープルファーム藤岡」の畑には金時にんじんが元気に育っていました。

12月中旬に差し掛かるタイミングで今季の初収穫。太い頭と元気な葉が土から顔を出して待っていました。力を入れて抜こうとしても土から栄養を吸収するために力強く張った毛根がしっかり土を掴み、簡単には離れようとしません。それで気合を入れなおしてグッと引き抜くと「ブチブチ！」と土から毛根が離れる音が鳴るのです。そうして抜いた今年初の金時にんじんは綺麗な色をしていて、見るからに美味しそうでした。

　京野菜を代表する金時にんじん。丸焼きにすれば芋のような甘味が出ますが、初収穫の太いにんじんに出会えたので、今回はちょっと思い切った料理にしたいと思いました。

力強さ実感する "丸揚げ"

　毛根がしっかり付き、太く育った金時にんじんの力強さを感じ、そのまま揚げてみたくなりました。金時にんじんはキメが細かく、火の通りが早いので、サッと炊いても美味しく食べていただけますが、油との相性も良いので、揚げ物にもむいているのではないかと思います。

　にんじんの皮は薄いので剝かないのが中東家の掟です。

　薄い皮のすぐ下が一番美味しい部分なので、そこをどう生かしながら料理するか、一物全体でいただくにはどうしたら良いかといつも考えます。

　今回は太さをいかして、衣を付けて丸揚げにしました。衣に包まれ、中は蒸し焼き状態のほくほくした食感になります。

　京都ではお雑煮に欠かせない食材の一つですが、普段から使うと金時にんじんの甘味と力強さを実感できるかと思います。

聖護院だいこん

甘み凝縮の堂々とした形

　言わずと知れた野菜の名産地、京都・大原。鯖街道・若狭路と呼ばれる国道367号を京都から車で走ると、右にも左にも山が近く、眼下には高野川が流れており、谷あいを縫っていることを感じます。大原の中心地に着くとそこは盆地で、早朝は霧に包まれ、幻想的な風景が広がります。この朝霧や寒暖の差がさまざまな野菜の味わいを甘く、強くすると言われています。

近年、この地で野菜作りをしたいと新規就農希望者が続々と集まってきて、現在耕作放棄地はゼロに近い。多くの生産者が農地空きを待っている状態です。

　そんな大原野菜の真骨頂を感じるのが根野菜だと思います。

　秋も深まる頃から冬にかけて、大原の朝市に顔を出すと、色とりどり、形もさまざまな根野菜がずらりと並びます。中でも一際目に飛び込んでくるのが、立派に丸々と太った聖護院だいこんです。

　霜が降りると収穫ができないので、少し陽が昇ってから畑へ。ずっしりと重みを感じながら、収穫させていただきました。この堂々とした形と甘み、そして元気な葉を生かした料理にしたいと思いました。

一物全体味わうステーキ

　収穫し立ての聖護院だいこんは、きれいに洗えば、捨てるところは一切なく、皮も葉っぱも美味しく食べられます。

　聖護院だいこんの特徴は、下炊きしなくても柔らかく炊けて、「大根臭さ」は感じず、自然な甘味と香りを感じるところです。通常、自店の「そ/s/KAWAHIGASHI」では秋から早春までの間、定番メニューとして塩だけで調味した「大根の炊いたん」を定番にお出ししています。

　今回は改めて収穫したてのものを料理できたので、"一物全体"を味わえるように、皮も付いたままスライスして米油と塩だけで大根ステーキにし、葉はソテーしました。焼きながら、大根の良い香りが立ち込めて、幸せな気持ちになります。

　「大根役者」という表現がありますが、聖護院だいこんは優しくも堂々とした主役にもなれる素晴らしい存在感があります。本格的な春の訪れまでもうしばらく、当店でもこの瑞々しい大根の美味しさを提供しています。

原木椎茸

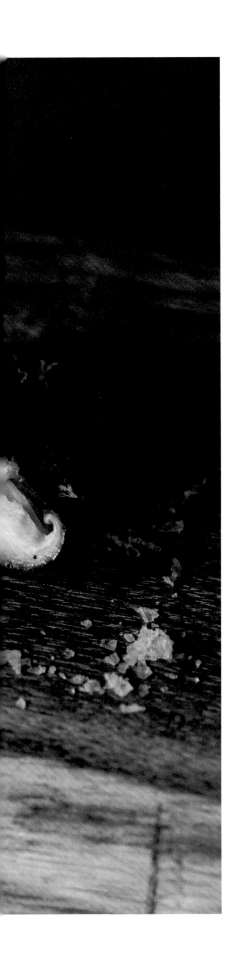

カチカチに凍る寒の実り

　京都市北部にある百井地区は鯖街道とされる若狭街道と鞍馬街道の丁度中間点。大原中心部から車で15分ほどの距離ですが、一気に峠を登り、気温は体感で5度ほど低くなる標高620メートルの山間部で、「京都の秘境」とも言われる集落です。

　まだ大原では雪も降っていない12月半ば、百井に着けば雪が薄っすら積もり、水たまりには氷がしっかり張り、吐く息も真っ白となっていました。

百井は山と山の隙間にあり、集落を抜ける道も細く、自然をより身近に感じます。小川が流れ、その横には畑が続きます。そんな百井の一画で、林業や畑をされている浅井清さんを訪ねました。浅井さんは地元の桜や楢、櫟（くぬぎ）などの原木を使用し、椎茸を約30年作られています。

　500本ほどの原木には、直径5センチ程の椎茸が何個か付いていました。春秋の椎茸に比べてサイズも小さめで、収穫量も少ないですが、この時期の椎茸は寒椎茸と呼ばれ、キメが細かく、ギュッと身が締まり、甘みが増すとされています。収穫しようと手を伸ばすと寒さでカチカチに凍っていました。

身が締まり甘み増す

　浅井さんの原木椎茸は、その寒さにより凍り付き、身が締まって甘味が増しています。また、なめ茸や平茸も凍りながら、しっかりと原木に付いていました。

　椎茸を持ち帰り、鉄のフライパンでシンプルに焼いてみると、それだけでぐっと旨味と甘味が出てきました。焼いた後のフライパンに残る旨味と香りを米にまとわせてリゾットを作り、一緒になめ茸と平茸も添えました。

　収穫の最盛期を過ぎた原木の寒椎茸は、百井の寒さでさらに甘味が強くなっています。

　タイミングが良ければ里の駅大原で手に入れられます。

若狭かき

100年前のカキフライ

　京都市から鯖街道を車で抜け約1時間半。小浜湾の
一番奥に位置する福井県小浜市の仏谷地区に向かい
ました。若狭湾の奥に位置する小浜湾は、外海の風や波
の影響を受けず、一年中、比較的静けさを保っています。
また、北川、南川、多田川と三つの川からの流入があっ
たり、周辺を囲う山からの伏流水が湾内に湧き出ていた
りするので、栄養たっぷり、かつ潮臭くない海というのが
特徴です。

この仏谷地区のカキ養殖は約100年前、当時村に住んでいた大橋脇左エ門が、東上の際に食したカキフライに感銘を受けたことをきっかけに始まりました。2年後には、今とほとんど同じような養殖方法になっていたそうで、その行動力には驚きです。今では「若狭かき」として多くの人がその味を求めて小浜まで足を運ぶようになりました。

　仏谷地区には6軒の生産者がおられ、湾内にはいくつもの木製の筏が浮いています。お話を伺った大住徳博さんを含め、若狭かきの養殖をされている方は渡船業などとの兼業で、1年間手塩にかけて育て、冬の間出荷されます。

栄養蓄え、旨味強く

　先代の頃から数えて40年以上、若狭かきの養殖をされ
ている大住さんは、カキ養殖の筏を12台、釣り用の筏を
30台ほど所有し、渡船業もしながら生産しておられます。
　カキの種は、広島産と三重産があり、どちらも小浜湾の
栄養を1年間しっかり蓄え、香り豊かで旨味の強い若狭か
きに育ちます。仏谷地区ではそれを「一年かき」として出荷
されますが、大住さんは少量を翌年まで持ち越し、「二年
かき」も出荷されています。手間も時間も要し、収量も減る
ので一般流通には乗りにくいのですが、その「二年かき」は
身も大きくて食べ応えがあり、旨味が強いながら、くどくない
香りが心地よく、上品な味わいです。
　この「二年かき」をわけていただき、殻ごと酒蒸しにする
と、海の香りと若狭かきの旨味が口の中で爆発しました。
そこに、おろした小浜の赤大根とねぎのソースを添え、小
浜山海の恵みを表現しました。雪解け水が流れ込む頃が、
一番美味しい時季なので、皆さまにもぜひ食べていただ
きたいです。

若狭ぐじ

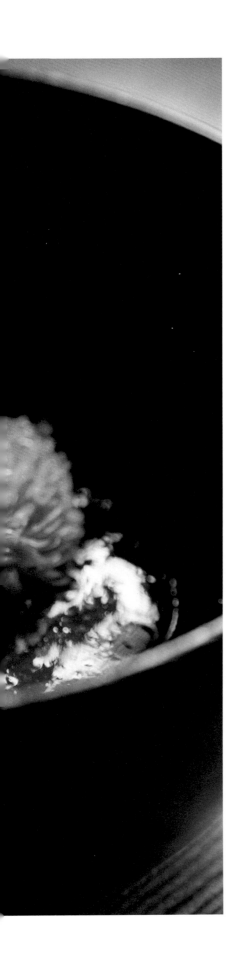

"最高級"の厳しい基準

　午後1時過ぎ、福井県・小浜港の船着き場で待っていると、沖から次々と時間を争うように漁船が帰ってきます。護岸に船を着けると、漁師さんたちは手際よく、甘鯛を水揚げしていきます。そして、漁協のスタッフの手と目で、魚体を1匹1匹確認しながら計量されます。

高級魚とされる「若狭ぐじ」は、釣りもので傷のない500グラム以上の甘鯛を指し、100グラム単位でサイズ分けされ、大きいものは高値で取り引きされます。また、800グラム以上かつ最高品質のものは「極」札が付き、更に高値で取り引きされるのです。

　若狭ぐじは、古事記などにも登場するほど古い漁法の延縄漁で漁獲されます。漁場は水深が深い沖合が多く、漁の準備は深夜で作業も長時間になるため、冬場は危険も伴います。また、その日の決められた時間に水揚げができなければ、基準から外れるため、時間との勝負にもなっています。

　こうした厳しい基準で水揚げされた若狭ぐじは、鮮度の良いうちに一汐され、京に運ばれるのです。

松笠焼き 早春仕立て

　古来、水揚げされた若狭ぐじ（甘鯛）はその日のうちに一汐して、鯖街道を通り都に運ばれました。2日ほどかけて到着した頃には、味わいが丁度良い塩梅に。その味が料亭などで好まれたことから、「一汐若狭ぐじ」は高級魚として珍重されました。

　現代では流通網の発達により、一汐せずとも京都で生の若狭ぐじを見かけるようになりましたが、少しでも鮮度の良い時に一汐をすると、魚本来の格別な甘味が出てきます。

　今回も水揚げされた甘鯛をその日のうちに一汐できたので、鱗を付けたまま焼く、松笠焼きにしました。鱗がくるっと巻き、パリパリとした食感ながら、身はふっくらします。

　出会いもんである紅白の蕪をすり下ろし、霙餡にしたものを焼いた身の下に敷き、若狭の甘夏を添えました。

　若狭ぐじの香りと蕪の甘味、甘夏の酸味バランスが早春を感じさせてくれます。

　右も左もわからない連載に、「まずは米にしましょう」と始まったTHE KYOTOの連載第1回目でした。自分がいつも見ている風景や土、風、人、野菜、雑草に降りた霜まで、八木夕菜さんのフィルターを通って出てきた写真は、いつも自分の想像を超えるほど、ありのままでした。

　実物をそのまま、ありのまま写真に残す。その場の音まで聞こえてきそうな写真を撮る八木さんの姿勢は、この2年を通して自分の料理観にも影響を与えていきました。

　アートとしての写真に応えるように、自分の料理もこのタイミングでしか出てこないものを創ろうと思い、撮影ギリギリまで何を作るか自分でもわからない。食材収穫の時、生産者と話している時、八木さんが写真を撮られている時、その時その時に出てきたインスピレーションを頭と心に取り込み、食材を触った時に感じることを組み合わせて形にしていく時間は何にも代えがたい時間でした。

　そんな時間が毎月あった事は大変有難く、ご協力いただいた皆さまにも心から感謝しています。

　この本が誰かの心を動かし、共感を得て、今後もずっとここ京都でよき食文化がつながっていくことを切に願います。

中東 篤志

————

　食は私たちの生活と密接に関わっており、その在り方が社会や環境に与える影響も非常に大きいと感じています。食への関心から、中東篤志さんの鯖街道の活動に深く感銘を受け、ともに取材を始めました。

　2年間、中東さんの車で毎月鯖街道を巡り、刻々と移り変わる美しい景色を背景に、自然風土がもたらす豊かな資源と気候変動や社会問題などの課題に直面しながらも培ってきた人々の知恵や営みに触れ、胸を打たれました。

　鯖街道の風景と大切に育てられた食材、人々の想いが、中東さんの料理を通じて物語のように紡がれています。この本を通して、味わっていただけることを願います。

八木 夕菜

著者プロフィール

中東 篤志 料理人
京都市出身。父である「京都 草喰なかひがし」店主・中東久雄のもとで幼少期より料理を学ぶ。ニューヨークの星付き精進料理店で副料理長兼GMを務めた後、日本食文化を国内外で発信するOneRiceOneSoup株式会社を設立。カリナリーディレクターとしてイベント企画や飲食店の運営、監修、食に関する地域プロデュースなどを手がけている。

八木 夕菜 美術家／写真家
ニューヨーク・パーソンズ美術大学建築学部卒業。「見ることの本質」をテーマに、物事の真理を追求し、視覚と現象を使った平面や立体作品など、作品に時空の概念を重ね制作している。THE KYOTOの写真連載企画「INSPIRATION」を担当。
主な受賞「KYOTOGRAPHIE 京都国際写真祭」ポートフォリオ・レビュー最優秀賞(2016)、主な個展「種覚ゆ」(2021、金沢21世紀美術館所蔵)。

Percolate－時を食し伝え残す

発行日：
2024年3月10日　初版発行

文章・料理：
中東篤志

写真：
八木夕菜

発行者：
杦本修一

発行所：
京都新聞出版センター
〒604-8578　京都市中京区烏丸通夷川上ル
Tel. 075-241-6192　Fax. 075-222-1956
http://www.kyoto-pd.co.jp/book/

編集：
栗山圭子

デザイン：
UMA/design farm（原田祐馬、大隅葉月）

印刷・製本：
株式会社サンエムカラー

ISBN 978-4-7638-0790-8　C0077
©2024 Atsushi Nakahigashi Yuna Yagi
Printed in Japan

本書は2021年10月から2023年10月まで50回にわたって、京都新聞デジタルメディア「THE KYOTO」に連載された写真企画「Percolate」に加筆・修正し、1冊にまとめたものです。